I0796074

Papel certificado por el Forest Stewardship Council®

Primera edición: junio de 2025

© 2025, Nuria Moreno, @blw_a_comer, por el texto
© 2025, Penguin Random House Grupo Editorial, S. A. U.
Travessera de Gràcia, 47-49. 08021 Barcelona
© Nuria Moreno, por las fotografías de las recetas
Ilustraciones y recursos de Istock y Shutterstock

Penguin Random House Grupo Editorial apoya la protección de la propiedad intelectual. La propiedad intelectual estimula la creatividad, defiende la diversidad en el ámbito de las ideas y el conocimiento, promueve la libre expresión y favorece una cultura viva. Gracias por comprar una edición autorizada de este libro y por respetar las leyes de propiedad intelectual al no reproducir ni distribuir ninguna parte de esta obra por ningún medio sin permiso. Al hacerlo está respaldando a los autores y permitiendo que PRHGE continúe publicando libros para todos los lectores. De conformidad con lo dispuesto en el artículo 67.3 del Real Decreto Ley 24/2021, de 2 de noviembre, PRHGE se reserva expresamente los derechos de reproducción y de uso de esta obra y de todos sus elementos mediante medios de lectura mecánica y otros medios adecuados a tal fin. Diríjase a CEDRO (Centro Español de Derechos Reprográficos, http://www.cedro.org) si necesita reproducir algún fragmento de esta obra.
En caso de necesidad, contacte con: seguridadproductos@penguinrandomhouse.com

Printed in Spain - Impreso en España

ISBN: 978-84-10318-15-1
Depósito legal: B-6267-2025

Compuesto por Araceli Ramos
Impreso en Gráficas 94, S. L.
Sant Quirze del Vallès (Barcelona)

PK 1 8 1 5 1

NURIA MORENO
@BLW_A_COMER

¡ASÍ COMO DE TODO!

Un recetario para cocinar con tu peque y animarle a descubrir nuevos sabores

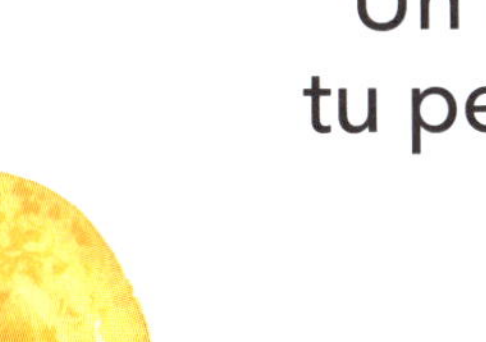

Kids

ÍNDICE

INTRODUCCIÓN

Si tienes este libro entre las manos, puedo imaginarme que estás pasando por un momento complicado en la alimentación de tu hijo o hija, o quizá sientes curiosidad por el tema de la selectividad alimentaria, o bien, buscas un libro de recetas para cocinar juntamente con tu pequeño. Sea cual sea el motivo, desde mi experiencia como dietista materno-infantil y como madre, me encantaría poder acompañarte en el maravilloso (aunque a veces complicado) camino de la alimentación infantil.

La alimentación en los primeros años de vida de tu hijo o hija es clave en el desarrollo de hábitos y actitudes hacia la comida. Es por ello que, en ocasiones, puede acabar siendo un verdadero desafío. Tus preocupaciones pueden intensificarse aún más cuando la situación sale de tu control y el pequeño empieza a rechazar alimentos que antes parecía disfrutar. Es entonces cuando surgen las preguntas:

¿POR QUÉ AHORA MI HIJO QUIERE COMER LO MISMO CADA DÍA?

¿POR QUÉ RECHAZA ALIMENTOS QUE ANTES COMÍA?

Si reconoces esta situación, no te preocupes, es muy habitual. Es natural que durante la infancia experimenten variaciones en su apetito y preferencias alimentarias. Cuando estos comportamientos aumentan en momentos específicos es cuando ocurre lo que llamamos «selectividad alimentaria». Aunque a veces es frustrante, también puede ser una buena oportunidad para crear hábitos saludables y descubrir nuevas formas de disfrutar la comida en familia.

En este libro encontrarás un recetario ideal para *picky eaters*, es decir, niños con selectividad alimentaria, junto con una guía práctica, clara y comprensible sobre cómo entender y navegar este desafío en la etapa de entre 12 y 36 meses. A través de este viaje, explorarás las razones que influyen en las elecciones alimentarias infantiles, abordarás el fenómeno de la «crisis de los 12 meses» y profundizarás en temas como la neofobia alimentaria, un concepto que cada vez está cobrando más relevancia en el ámbito pediátrico y de la nutrición infantil.

Encontrarás estrategias probadas, consejos divertidos, recetas fáciles y mucho apoyo para que la hora de comer sea una experiencia positiva y divertida, ¡incluso para los *picky eaters*!

LA PIZZA PIRATA

A Pablo le encantaba comer. Su plato favorito eran las hamburguesas de pollo que hacía mamá. Eran tan jugositas y sabían tan bien... ¡no como las verduras que había esa noche para cenar!

—No quiero zanahorias, mamá... ¡son largas como las garras de un monstruo! —decía Pablo, con una mueca.

Después añadía, riéndose un poco:

—¡Y los pimientos verdes parecen mocos!

Mientras se quejaba y apartaba la comida, sus padres tuvieron una idea brillante. Al día siguiente, decidieron invitarle a la cocina: querían convertirla en un lugar mágico donde cocinar todos juntos. **¡Harían una pizza pirata!**

—Pablo, ¿te gustaría ayudarnos a preparar la cena hoy? —le preguntó su mamá con una sonrisa.

Mamá le dejó platos con varios ingredientes para decorar la pizza: algunos le gustaban mucho y otros... no tanto. Aun así, Pablo estaba feliz

de poder compartir un rato con sus padres, así que se puso manos a la obra. Entonces ocurrió algo sorprendente: empezó a ver los alimentos de una forma diferente... **¡ya no le parecían tan raros y molestos!**

—Papá, mira, ¡las rodajas de berenjena son el parche del pirata!

Esa noche, después de haber cocinado juntos, Pablo se sentó a la mesa con sus padres. Le ponía un poco nervioso probar las verduras de su pizza, pero... **¡las había cocinado él! ¡Y un chef siempre prueba sus platos!**

—¡Vamos a probar nuestra pizza pirata! —dijo emocionado.

Con cada bocado, Pablo descubrió nuevos sabores y texturas que antes no quería comer. Era muy extraño, pero las verduras no le parecían tan malas como antes: ahora que sabía cómo se preparaban, y que se había divertido tanto cocinándolas, le parecían un poco más deliciosas. Nunca serían tan ricas como una hamburguesa de pollo de mamá... **¡pero ahora estaban un poco más cerca!**

A partir de ese día, la cocina mágica se convirtió en el lugar favorito de Pablo. Inventó tantas recetas junto con sus padres, que tuvieron que empezar a escribirlas para no olvidarlas.

¿Estás preparado para descubrirlas todas en este libro y convertirte en un **CHEF** como él?

LA SELECTIVIDAD ALIMENTARIA

¿CUÁNDO COMIENZA Y POR QUÉ?

La selectividad alimentaria es una etapa común en el desarrollo de muchos niños. Se refiere a una preferencia o rechazo hacia ciertos tipos de alimentos, sabores, texturas o colores, especialmente alimentos rojos y verdes. Aunque es un proceso natural, puede ser frustrante para las familias, que buscáis asegurar una dieta equilibrada y variada para vuestros hijos.

¿CUÁNDO EMPIEZA LA SELECTIVIDAD ALIMENTARIA?

La selectividad alimentaria suele aparecer alrededor del primer año de vida, cuando el niño empieza a experimentar una mayor independencia a la hora de comer.

A partir de los 12 meses, y con más intensidad en torno a los 18-20 meses, los niños desarrollan una mayor conciencia de lo que les gusta y lo que no, lo que puede llevarlos a rechazar ciertos alimentos. Esta selectividad alimentaria puede variar según el niño y, en algunos casos, llegar a ser bastante pronunciada, con un rechazo casi total a ciertos grupos de alimentos.

¿POR QUÉ OCURRE LA SELECTIVIDAD ALIMENTARIA?

La selectividad alimentaria puede tener múltiples causas biológicas y psicológicas. Las razones más comunes incluyen:

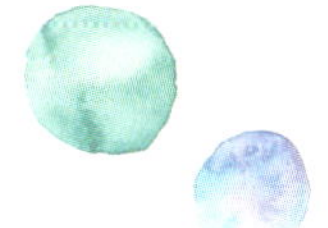

1. **Desarrollo cognitivo y sensorial:** Alrededor del segundo año de vida, los niños desarrollan nuevas habilidades cognitivas que les permiten identificar, clasificar y discriminar mejor los sabores, las texturas y los colores. A menudo, prefieren alimentos familiares que les resultan reconfortantes y seguros. Los alimentos nuevos o desconocidos, especialmente aquellos con texturas inusuales, pueden generarles rechazo o miedo.

2. **Instinto de supervivencia:** Desde una perspectiva evolutiva, el rechazo de alimentos desconocidos tiene una función protectora. Los niños pequeños están programados para tener cuidado con lo que comen, ya que, en tiempos ancestrales, los alimentos nuevos podrían haber representado una amenaza, pues podrían ser tóxicos o peligrosos. Así que, en su instinto más primitivo, el niño empieza a rechazar especialmente alimentos rojos y verdes que tengan sabores amargos.

3. **Fase de autonomía:** A medida que los niños crecen, comienzan a ser más conscientes de su capacidad para tomar decisiones. Esta fase de autonomía, en la que el niño empieza a querer elegir lo que come, puede manifestarse en forma de rechazo a ciertos alimentos que no le interesan o que no le son tan apetecibles. Esta necesidad de tomar el control también suele observarse en otros aspectos de su vida, como la ropa o los juegos.

4. **Influencia del entorno:** La actitud de los padres y cuidadores frente a la comida tiene un gran impacto en los hábitos alimentarios de los niños. Si los adultos reaccionan con estrés o frustración al rechazo de ciertos alimentos, o si el niño se siente presionado a comer, puede desarrollar aún más resistencia. Crear un ambiente relajado frente a la comida es clave para que los niños vayan construyendo una relación sana con la alimentación.

LA CRISIS DE LOS 12 MESES

SÍNTOMAS Y CARACTERÍSTICAS

El primer año de vida del bebé comprende la etapa de crecimiento más rápida, en la que los niños prácticamente llegan a triplicar su peso y duplicar su talla desde el nacimiento, así que necesitan un aporte importante de energía y nutrientes.

Sin embargo, pasado ese primer año, su crecimiento se ralentiza: de hecho, durante el segundo año solo crecerán un 20 o 30 % de lo que crecieron en su primer año. Esto implica que sus necesidades nutricionales y energéticas también cambian. Como necesitan menos aporte energético y nutricional, también tienen menos apetito, es decir, no necesitan comer tanto como antes.

Este hecho, junto con una serie de cambios físicos y emocionales, juega un papel importante en la aparición de la temida crisis de los 12 meses. A esta edad, los niños son más conscientes del mundo que los rodea, tienen más autonomía para desplazarse, gatean, se ponen de pie o empiezan a caminar. La comida ya no es una novedad y se distraen con más facilidad. En esta nueva etapa, son mucho más susceptibles a los cambios, como por ejemplo el inicio de la escuela infantil, o incluso empiezan a aparecer las primeras rabietas.

¿QUÉ ES LA CRISIS DE LOS 12 MESES?

La crisis de los 12 meses es un fenómeno común, caracterizado por un aumento significativo en la selectividad alimentaria, entre otros

comportamientos. Durante esta fase, es habitual encontrarse con lo siguiente:

- **Rechazo a nuevos alimentos, sabores o texturas:** lo que antes comían con entusiasmo, ahora no lo quieren ver ni oler sin explicación alguna, ya sea por su textura, sabor u olor.
- **Menos apetito y desinterés por la comida:** comen poca cantidad, incluso menos de la que comían con 7-8 meses, ya que sus necesidades nutricionales disminuyen.
- **Mayor demanda de leche:** ya sea materna o de fórmula, la demandan y puede convertirse en su único alimento durante algunos días.
- **Se despierta más por la noche (y no es por hambre):** se junta con una regresión de sueño.
- **Aumento de rabietas:** están comenzando a afirmar su independencia en otros aspectos de su vida, por lo que esta fase de rebeldía también puede manifestarse en la hora de las comidas.

Aunque la crisis de los 12 meses puede ser angustiante, es importante que comprendas que **esta fase suele ser temporal** y forma parte del desarrollo normal del niño.

¿QUÉ PUEDES HACER CUANDO EMPIEZAN A COMER MENOS?

Aunque cuando estás en esta situación parezca misión imposible, con paciencia, ofreciendo nuevos alimentos que rechazan en poca cantidad, sin presionar y creando un entorno relajado durante las comidas, los niños pueden superar esta etapa.

Solo el bebé sabe cuánto debe comer, por lo tanto, es importante respetar sus señales de hambre y de saciedad. Coma lo que coma, está bien.

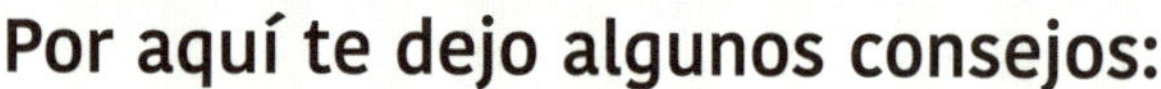

Por aquí te dejo algunos consejos:

- **NO LE OBLIGUES A COMER.** No debemos obligar ni castigar para estimular a que coma más, ya que lo único que conseguiremos es que su relación con la comida no sea buena y que coma por encima de lo que su cuerpo necesita en esos momentos.
- **OFRECE MENOS CANTIDAD.** Es importante ajustar la cantidad de comida a sus necesidades actuales. Es mejor empezar con poca cantidad en el plato y dar la opción de repetir en caso de que el peque tenga más hambre, se sentirá más relajado y cómodo así.
- **EVITA OFRECER ALIMENTOS CON BAJO VALOR NUTRICIONAL.** Ofrecer alimentos como dulces y bollería industrial para que «al menos coma algo», va a hacer que desplace los alimentos saludables de su dieta. Si pasa por un proceso de menos apetito, es más probable que elija los dulces si se los ofreces, dejando de lado otros alimentos más saludables, pero no tan atractivos.
- **EVITA EL USO DE PANTALLAS.** Los niños no deben comer con distracciones porque terminan comiendo peor, ya que no se centran en lo realmente importante, la comida que tienen delante.
- **RESPETA SUS SEÑALES DE SUEÑO.** Es ideal que los niños coman cuando estén tranquilos y sin sueño.
- **CELEBRA SUS LOGROS.** Al probar un nuevo alimento o terminar su comida, muestra alegría y positividad para estimularle a explorar nuevos sabores.
- **PLANIFICA UN MENÚ SEMANAL.** Es clave para llevar una buena alimentación de forma organizada y sin estrés.

NEOFOBIA ALIMENTARIA

¿QUÉ ES Y CUÁNDO APARECE?

La neofobia alimentaria es el miedo o rechazo sistemático hacia los alimentos nuevos o desconocidos. Es común en niños de entre 2 y 6 años, aunque puede comenzar a manifestarse en torno a los 18 meses.

¿CUÁNDO Y POR QUÉ APARECE LA NEOFOBIA ALIMENTARIA?

La neofobia alimentaria suele aparecer entre los 18 y los 24 meses y alcanza su pico entre los 2 y los 3 años. Es una etapa en la que el niño empieza a desarrollar una mayor conciencia del mundo exterior y, al mismo tiempo, una mayor necesidad de controlar lo que ingiere. Esto, combinado con el miedo a lo desconocido, hace que el niño rechace cualquier alimento que no haya probado en sólido con anterioridad a esa edad, sobre todo si hemos prolongado la fase de triturados más allá de los 18 meses.

¿CÓMO PUEDES PREVENIRLA?

- **INTRODUCCIÓN TEMPRANA DE SÓLIDOS.** Siguiendo las recomendaciones de organismos oficiales como la OMS y AEPED, es preferible incorporar los alimentos sólidos antes de los 10 meses.
- **CUANTO MÁS VARIEDAD, MEJOR.** El primer año del bebé marcará su alimentación futura, así que se debe introducir la mayor cantidad de alimentos posible antes de los 12 meses para que el bebé los reconozca por separado en sólido.
- **DA EJEMPLO.** Si quieres que tu hijo coma alimentos saludables, es importante que des ejemplo y tú también lo hagas.

- **INCORPORA AL BEBÉ A LA MESA FAMILIAR.** Los niños aprenden por imitación. Si te ven comiendo lo mismo que ellos, su nivel de aceptación será mayor.
- **COMBINA ALIMENTOS NUEVOS JUNTO CON LOS CONOCIDOS.** Ofrecer alimentos nuevos en menor cantidad junto con los que ya le resultan familiares hará que los acepte más fácilmente.
- **LACTANCIA MATERNA.** Facilita la aceptación de sabores desde una edad temprana.
- **NO LE OBLIGUES A COMER.** Si rechaza un alimento nuevo, no le fuerces. Sigue ofreciéndolo en otras ocasiones e intenta comer ese alimento delante del pequeño.
- **INVOLÚCRALE EN LA COCINA.** Puedes hacer que tu pequeño participe en la elaboración de recetas sencillas, donde esté presente el alimento nuevo que queremos introducir.
- **FAVORECE LA INTERACCIÓN.** Aunque tu bebé quiera quitar la comida que no le guste del plato, déjale un bol al lado donde pueda echarla. La interacción con el alimento es muy importante.

MI BEBÉ NO COME NADA... ¿O REALMENTE SÍ?

Es común que, durante una crisis de crecimiento o cambios físicos y emocionales, los bebés experimenten periodos de pérdida de apetito, en los que comen menos sólido y demandan más leche. La leche también cubre sus necesidades nutricionales, así que, ¡no te alarmes! Lo más probable es que tu bebé se esté alimentando correctamente, aunque solo tome pecho o biberón, alguna fruta o pan. La cantidad no tiene por qué estar relacionada con la edad del bebé, aunque esa sea nuestra expectativa.

Aun así, si presenta cansancio, decaimiento, poca energía o una pérdida de peso significativa, entonces sí que debes acudir a un pediatra para descartar problemas de salud.

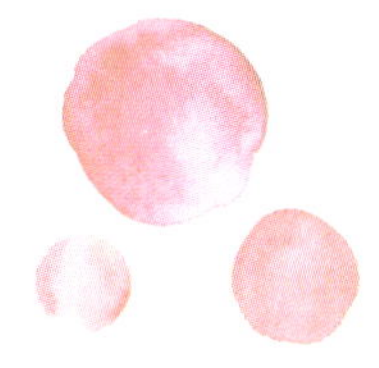

¡IMPORTANTE!

EXPECTATIVA › REALIDAD

CADA NIÑO ES DIFERENTE Y SUS NECESIDADES TAMBIÉN LO SON

Es importante recordar que los niños tienden a comer lo que necesitan y no siempre será lo que uno espera. En lugar de valorar solo una comida, debes fijarte en lo que han ingerido a lo largo del día.

Si el bebé se mantiene en su percentil, está activo, animado y feliz, es el mejor síntoma de que está bien alimentado y saludable.

En resumen, la selectividad alimentaria, la crisis de los 12 meses y la neofobia alimentaria son fases naturales del desarrollo infantil que reflejan el crecimiento cognitivo y la búsqueda de autonomía de los niños. Entender estos procesos y abordarlos con paciencia y flexibilidad es clave para fomentar una relación sana con la comida.

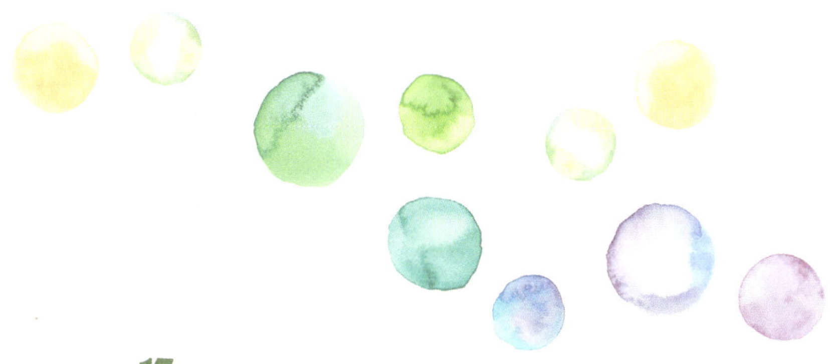

PAUTAS PARA ACOMPAÑAR

Si aún no tienes claro si tu peque tiene selectividad alimentaria, te propongo un pequeño test:

1. ¿Tu peque ha eliminado por completo algún grupo de alimentos? Por ejemplo, no quiere comer ninguna fruta o verdura.
2. Si haces una lista de todo lo que come, ¿la lista es de menos de veinte alimentos?
3. Si comes fuera de casa, ¿te preocupa lo que va a comer?
4. ¿Prefiere siempre los snacks y la leche, por ejemplo, antes que la comida que le pones en el plato?
5. ¿Muestra desinterés por probar alimentos nuevos?

Si contestaste que sí a tres preguntas o más, tu peque está pasando por una etapa de selectividad alimentaria o se ha convertido en un *picky eater*. ¡Este libro es para ti! Como madre y profesional, te dejo algunos consejos para animar a tu peque a probar alimentos nuevos:

Evita este tipo de frases:

- «Venga, prueba un poquito, que seguro que te gusta».
- «Esto está delicioso. Si no quieres probarlo, más para mí».
- «¿Cómo sabes que no te gusta si no lo pruebas?».
- «Cuando eras más pequeño, esto te encantaba y te lo comías superbién. No entiendo qué te ha pasado».

Aunque las digas con buena intención, este tipo de frases pueden culpabilizar o hacer sentir mal a tu peque y alejarle más de probar la comida que le estás ofreciendo. Te recomiendo estas alternativas:

1. **Hacer la compra con tu peque:** mientras compráis, podéis jugar a nombrar las recetas que podéis hacer con cada alimento. ¿Qué podemos hacer con zanahorias? Unas galletas, unas hamburguesas, unos muffins...

2. **Involucrar a tu peque en la elaboración de las comidas:** si tu peque se divierte cocinando contigo, estará más abierto a probar la comida que habéis preparado. Si aun así se niega: no te agobies, el trabajo de exposición es muy importante. Poco a poco, tu peque se irá familiarizando con los alimentos que se consumen en casa y se le hará más fácil comerlos.

3. **Ofrecer la comida con formas distintas:** por ejemplo, centrémonos en la fruta. Si siempre la ofrecemos de la misma manera, solo la conocen así. Prueba a rallarla o presentarla en formas divertidas usando cortadores, o añádela al yogur, o dentro de muffins y tortitas.

4. **No esperar a que sea una etapa transitoria:** saber acompañar estas etapas ayudará a que tu peque siga comiendo de forma variada cuando sea adulto.

¡NO ESPERES A QUE «SE LE PASE»!

Y recuerda: una «etapa» que dura más de 2 meses ya no es una etapa, puede ser una dificultad en su desarrollo y necesita tu apoyo para superarla.

CÓMO EQUILIBRAR LA DIETA INFANTIL

Construir platos que resulten atractivos para nuestros peques es una tarea importante, pero también lo es conseguir que estos cumplan con sus necesidades nutricionales. Una dieta equilibrada no solo les proporcionará la energía necesaria para las actividades diarias, sino que también contribuirá a su salud a largo plazo.

PLATO SALUDABLE

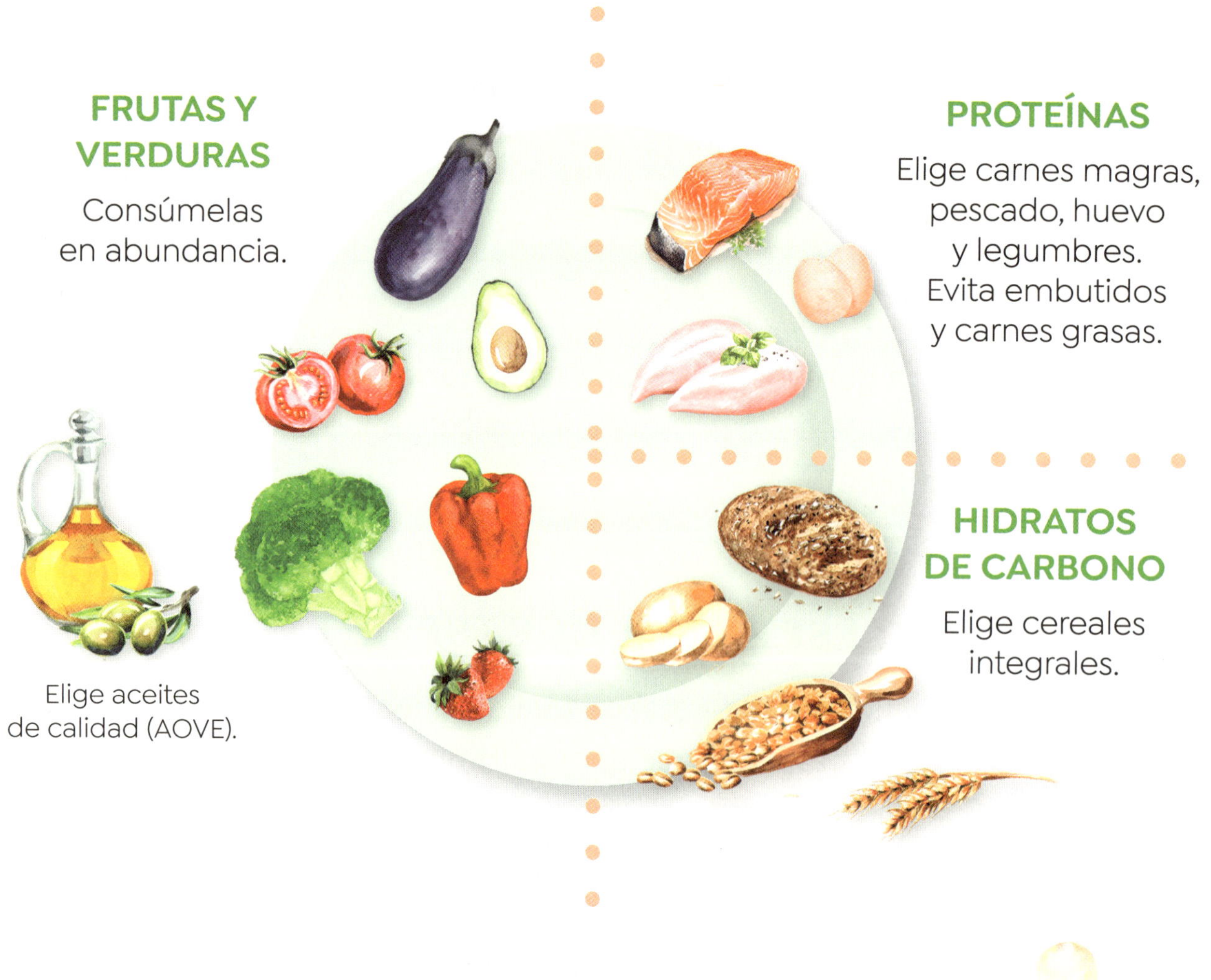

El método del plato saludable es una herramienta visual que ayuda a los padres a ofrecer una alimentación equilibrada a sus hijos para que reciban todos los nutrientes que necesitan.

Este método propone que cada plato esté compuesto por tres partes fundamentales:

- **50 % de verduras y frutas:** es ideal que sean de temporada, frescas y variadas para asegurar la ingesta de vitaminas, minerales y fibra.
- **25 % de carbohidratos complejos:** cereales integrales, pasta integral, patatas o legumbres. Estos alimentos proporcionan energía de liberación lenta, lo cual es fundamental para el desarrollo infantil.
- **25 % de proteínas:** de origen animal o vegetal, son esenciales para el crecimiento y la reparación de tejidos.

Las raciones recomendadas para niños menores de 36 meses

Las cantidades de alimentos deben ser ajustadas según la edad y el apetito del niño, pero las recomendaciones generales son las siguientes:

- **Frutas:** al menos 3- 5 raciones al día, es decir, en todas las comidas.
- **Verdura:** al menos 2 raciones al día, distribuidas en las comidas principales.
- **Cereales integrales y tubérculos:** en todas las comidas.
- **Legumbres:** al menos 3-4 raciones a la semana.
- **Proteínas:**
    - **Proteína animal:** carne, pescado, huevo y lácteos. Los límites recomendados varían según la edad del bebé. Lo ideal sería 2-3 veces a la semana para la carne o pescado, evitando el exceso de carnes rojas o procesadas, y priorizando pescados grasos

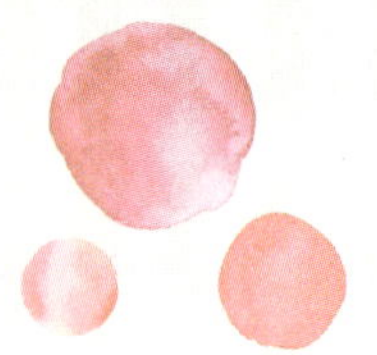

como el salmón, que son ricos en ácidos grasos esenciales. Sin olvidarnos de los huevos, que podemos ofrecerlos 3-4 veces por semana. La ración ideal de lácteos sería de 1 a 3 por día. Por ejemplo: dos vasos de leche, o un vaso de leche y un yogur, o dos yogures y 100 g de queso fresco.

- **Proteína vegetal:** los niños pueden obtener proteínas de fuentes vegetales como legumbres (lentejas, garbanzos, frijoles), tofu, tempeh, y frutos secos. Es importante acompañar las proteínas vegetales con otros alimentos que complementen su perfil de aminoácidos, como los cereales integrales. Las legumbres están recomendadas al menos 3-4 veces por semana.

Limitación de proteínas animales en niños menores de 36 meses

La proteína animal es importante para el desarrollo, pero su consumo excesivo puede ser perjudicial a largo plazo, ya que puede aumentar la carga renal y hepática del niño. Las porciones ideales son de 1 ración de proteína animal al día en menores de 3 años, priorizando el consumo de fuentes saludables como el pollo, el pavo, el pescado blanco o azul y los huevos. Si en la comida se ha ofrecido proteína animal, lo recomendable sería ofrecer proteína vegetal en la cena.

HIERRO HEMO Y HIERRO NO HEMO-FIBRA Y PROTEÍNA

¿Qué cantidad de proteína animal puede tomar un bebé?

Gramaje habitual y medidas recomendadas.[1]

Alimento	Gramaje habitual	Cantidades diarias recomendadas para niños de 6-12 meses[2]	Cantidades diarias recomendadas para niños de 12 meses a 3 años[3] (Se debe aumentar progresivamente)
Carne de cerdo o ternera	80 g	30-35 g	30-35 g
Pechuga de pollo	150-200 g	30-35 g	30-35 g
Filete de merluza	125-175 g	30-35 g	30-35 g
1 huevo	Unidad pequeña (S): menos de 53 g Unidad mediana (M): de 53 a 63 g Unidad grande (L): de 63 a 73 g	1 unidad pequeña o media (de menos de 54-63 g)	1 unidad pequeña o media (de menos de 54-63 g)

1. Recomendaciones de la Generalitat de Catalunya.

2. Cantidades recomendadas de alimentos para cubrir los requerimientos proteicos diarios, asumiendo un consumo de 500 ml de leche materna al día sin contar la aportación proteica de otros alimentos como los cereales, los lácteos diferentes a la leche, etc.

3. Cantidades recomendadas de alimentos para cubrir los requerimientos proteicos diarios, asumiendo un consumo de 250 ml de leche de vaca al día, sin contar la aportación proteica de otros alimentos como los cereales, los lácteos diferentes a la leche, etc. Si no se toma leche de vaca ni materna, o bien si solo se sigue con leche materna (asumiendo 250 ml diarios de leche materna), las cantidades de legumbres, carne, pescado y huevos se podrían doblar.

Recomendaciones adicionales:

- **Evita alimentos ultraprocesados:** siempre que sea posible, limita la oferta de alimentos ultraprocesados, que ofrecen poca nutrición y altas cantidades de azúcares, grasas saturadas y sal.
- **Hidratación:** asegúrate de que el niño esté tomando suficiente agua, especialmente a medida que aumentan las actividades físicas. Las bebidas azucaradas deben evitarse en la dieta diaria, igual que los zumos comerciales o caseros.

UTENSILIOS

La cocina es el sitio perfecto para pasarlo bien con tu peque mientras le familiarizas con los alimentos que rechaza. Si sabes cómo hacerlo, con las recetas y los instrumentos adecuados, poco a poco le animarás a probar de todo.

Es muy importante que los utensilios que usemos sean divertidos, atractivos y seguros, así el peque mostrará más interés en ayudarnos. Te recomiendo algunos que, para mí, marcan la diferencia:

- **Moldes de silicona con formas:** existen de todas las formas y colores: de estrellas, de animales, de casitas... elige las que más le gusten a tu peque y harás que su comida resulte más atractiva.

- **Moldes cortadores:** son ideales para presentar la fruta y verdura de manera divertida y diferente, aunque se puede utilizar prácticamente con cualquier alimento.

- **Plato de 3 compartimentos:** te ayudarán a distribuir la comida en diferentes zonas y así equilibrar la dieta de tu peque.

- **Cuchillos especiales para niños:** estos cuchillos son ondulados o tienen una sierra especial que puede cortar los alimentos e impide que ellos se corten.
- **Cubiertos metálicos:** es recomendable utilizar cubiertos metálicos con mango de silicona, ya que son los más parecidos a los que utilizan papá y mamá y a los que él utilizará de mayor.

RECETAS

Después de conocer la selectividad alimentaria y saber que uno de los pasos más importantes para acompañarla es involucrar al peque en la cocina, quizá te habrás preguntado...

¿CÓMO LO HAGO?
¿CON QUÉ RECETAS?
¿QUÉ PARTE DEL PROCESO PUEDO DEJAR QUE HAGA?

En las siguientes páginas, encontrarás todo tipo de recetas, todas muy divertidas, deliciosas y aptas para tu bebé, y con un apartado llamado **Peque** donde te indico qué pasos puede hacer él. En primer lugar, encontrarás las recetas saladas, después las salsas y por último las recetas dulces.

Te deseo muchísima suerte y, como Pablo y sus padres, te invito a convertir la cocina en un espacio de diversión y aprendizaje en familia.

¡A disfrutar!

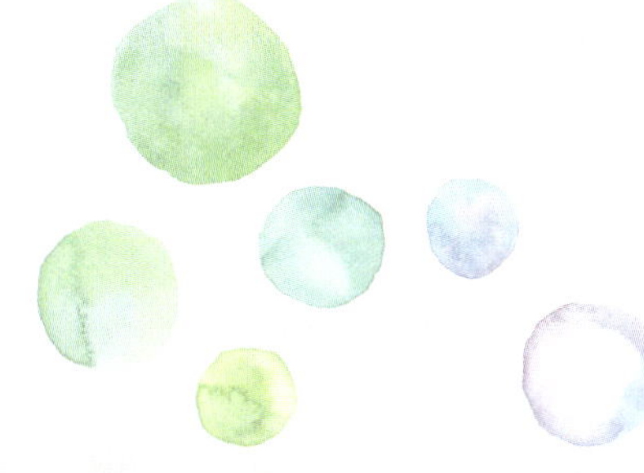

MINI PIZZAS DE BERENJENA

INGREDIENTES:

- 1 berenjena grande
- Salsa de tomate
- Queso mozzarella (+12 meses)
- **Verduras al gusto**: Tomates cherry, champiñón laminado, cebolla troceada...
- Orégano
- AOVE

ELABORACIÓN:

1. Pon el horno a precalentar a 180 °C, con calor arriba y abajo.
2. Corta la berenjena a rodajas de más o menos de 1 cm y colócalas en una bandeja de horno con papel de hornear. Haz cortes poco profundos a las rodajas y ponles AOVE.
3. Hornéalas durante 10 min.
4. Saca las berenjenas del horno, dales la vuelta y decóralas añadiendo salsa de tomate como base, queso mozzarella, verduras al gusto y orégano por encima.
5. Vuelve a poner las rodajas al horno 10 min más... y ¡a comer!

PEQUE

Tu peque puede ayudarte a colocar los trozos de berenjena encima de la bandeja y también puede añadir los ingredientes y la guarnición de la pizza a su gusto. Como son pequeñas, puedes hacer varias pizzas con diferentes combinaciones; usa los ingredientes favoritos de tu peque y aprovecha para incorporar algún ingrediente que rechace.

CONSEJOS

Puedes versionar estas **minipizzas** cambiando la berenjena por rodajas de **calabaza** cacahuete y horneando durante 30 minutos en lugar de 10.

BASE DE PIZZA DE BRÓCOLI

INGREDIENTES:

- 350 g de brócoli cocinado al vapor
- 1 huevo (o 2 cdas de harina de garbanzo + 200 ml de agua)
- 60 g de queso rallado (opcional)
- **Especias:** orégano y ajo en polvo (opcional)
- **Decoración:** verduras y complementos al gusto

ELABORACIÓN:

1. Precalienta el horno a 180 °C y forra una bandeja de horno con papel de hornear, luego pincélala con aceite de oliva y reserva.

2. Tritura el brócoli y añádelo a un bol junto a las especias, el huevo (o la mezcla de harina de garbanzo y agua) y el queso rallado, luego mézclalo hasta obtener una pasta.

3. Pon la masa en la bandeja de horno, dando forma de pizza y hornea a 180 °C durante 30 min.

4. Saca la pizza, decora al gusto y termina de hornear. Cuando esté lista... ¡a comer!

PEQUE

Puedes pedirle que te ayude a mezclar los ingredientes y añadirlos al bol. También puede disfrutar añadiendo los complementos para decorar la pizza a su gusto. Por ejemplo, a mí me encanta con cebolla, bolitas de mozzarella, pimiento rojo y champiñones laminados.

CONSEJOS

Decora la pizza con la comida favorita de tu peque y añade al menos uno (en poca cantidad) que rechace.

Puedes versionar esta base de pizza intercambiando el brócoli por coliflor.

BASE DE PIZZA DE GARBANZOS Y ZANAHORIA

INGREDIENTES:

- Un chorrito de aceite
- 150 g de harina de garbanzos
- 350 g de zanahoria al vapor
- 1/2 cdta de comino molido
- 1/2 cdta de hierbas provenzales
- 1 cdta de sal (+24 meses)
- 2 pellizcos de pimienta negra molida (opcional)
- Tomate frito estilo casero (para base)
- 1 cdta de orégano seco
- Verduras y guarniciones al gusto

ELABORACIÓN:

1. Precalienta el horno a 180 °C, forra una bandeja de horno con papel de hornear y pincélala con aceite de oliva.
2. Cocina al vapor las zanahorias, y una vez estén listas, aplástalas con un tenedor.
3. En un bol, añade la zanahoria, el comino molido, las hierbas provenzales, la harina de garbanzos, la sal (+24 meses) y la pimienta. Luego, mézclalo todo.

4. Vierte la mezcla en la bandeja de horno preparada. Forma una bola, aplástala y extiéndela con las manos hasta cubrir toda la superficie de la bandeja con una capa fina de masa.

5. Hornea a 180 °C durante 20 min. Retira del horno y sube la temperatura a 200 °C.

6. Pon el tomate frito sobre la pizza, decora al gusto y espolvorea con el orégano.

7. Hornea a 200 °C durante 10 min y ¡a comer!

PEQUE

Tu peque puede ayudarte a aplastar la zanahoria con el tenedor, a mezclar los ingredientes y a añadirlos al bol. También puedes poner los complementos en cuencos para que él pueda disfrutar decorando la pizza a su gusto. ¿Con qué ingredientes la acompañarías?

CONSEJOS

Para la guarnición de la pizza, utiliza alimentos que gusten a tu peque, pero añade en pequeñas cantidades uno que rechace.

BASE DE PIZZA DE QUINOA

INGREDIENTES:

- 150 g de quinoa
- 40 ml de agua
- 2 cdtas de orégano
- **Complementos al gusto:** aceitunas negras a rodajas, cebolla, mozzarella, pimiento rojo y verde a trocitos finos y maíz

ELABORACIÓN:

1. Pon a remojo la quinoa durante 3-4 horas.
2. Precalienta el horno a 180 °C y forra una bandeja de horno con papel de hornear, pincélala con aceite de oliva y resérvala.
3. Pasado ese tiempo, desecha el agua y añade la quinoa escurrida al vaso de la batidora junto con los 40 ml de agua y las especias, luego tritura hasta tener una masa homogénea.
4. Extiende la mezcla encima de la bandeja, dándole forma de pizza. Hornea a 180 °C durante 10 min.
5. Saca la pizza, dale la vuelta con cuidado, añade los complementos y vuelve a hornear durante 10-15 min extra. Pasado este tiempo, ¡a comer!

PEQUE

Puedes pedirle a tu peque que te ayude a mezclar los ingredientes, a añadirlos al bol y a decorar la pizza a su gusto. ¡Te doy una idea! Aceitunas negras a rodajas, cebolla, mozzarella, pimiento rojo y verde a trocitos finos y ¡maíz! ¿Qué te parece?

CONSEJOS

Lava la quinoa bajo el grifo hasta que deje de salir espuma antes de ponerla a remojo.

Añade los ingredientes que más gusten a tu peque y añade al menos uno (en poca cantidad) que rechace.

PAN DE AVENA

(Para 4 unidades)

INGREDIENTES:

- 1 yogur natural de 125 ml o yogur de soja natural
- 90 g de harina de avena o trigo sarraceno
- 2 cdtas de levadura para bizcochos
- **Relleno:** mozzarella (+12 meses) o complementos al gusto (opcional)

ELABORACIÓN:

1. Añade todos los ingredientes en un cuenco, mézclalos bien hasta tener una masa homogénea.
2. Deja reposar 15 min.
3. Divide la masa en 4 porciones y forma bolitas.
4. Si quieres rellenarlas, aplasta la masa, haz un hueco por el medio, pon la bolita de queso o el relleno al gusto y cúbrela con la masa.
5. Coloca las 4 bolas en la airfryer, pulveriza con AOVE por encima y programa 180 °C durante 6 min, dales la vuelta y hornea 6 min más, deja enfriar y ¡a disfrutar!
6. Si las haces al horno, déjalas más o menos 20 minutos a 180 °C.

PEQUE

Puedes pedirle que te ayude a mezclar los ingredientes en el bol, a amasar y a formar las bolas de pan. A los niños les encanta amasar, deja que haga formas divertidas y hornéalas. Además, puedes dejarle escoger el relleno para cada uno de los panes.

CONSEJOS

Puedes añadir a la masa sal (+24 meses) o especias aromáticas como romero o tomillo, ¡le dan un toque muy bueno!

PAN DE ZANAHORIA

INGREDIENTES:

- 1 zanahoria
- 1 huevo
- 25 g de harina de avena

ELABORACIÓN:

1. Ralla la zanahoria y mezcla en un recipiente apto para microondas todos los ingredientes hasta que queden bien integrados.

2. Cocina durante 2 min al microondas a una potencia de 600 W.

3. Deja enfriar y ¡a comer!

PEQUE

Tu peque puede ayudarte a rallar la zanahoria con cuidado, a añadir los ingredientes al recipiente y a mezclar. También puede rellenar el pan de su complemento favorito o construirse su tostada al gusto.

Si tu peque rechaza la zanahoria, ¡necesita hacer contigo esta receta! El hacer que la toque y la ralle le ayudará a tomar más «confianza» con ella.

CONSEJOS

Puedes rellenarlo de lo que quieras o tostarlo para conseguir una consistencia más crujiente.

PAN DE QUINOA A LAS FINAS HIERBAS

INGREDIENTES:

- 1/2 taza de quinoa cocida
- 1 huevo
- 1/2 cdta de polvo para hornear
- Especias al gusto
- Sal (+24 meses)

ELABORACIÓN:

1. Añade todos los ingredientes al vaso de la procesadora, tritura hasta obtener una textura fina e introduce la mezcla en un recipiente apto para microondas.

2. Cocina en el microondas 4 min a máxima potencia, deja enfriar y ¡a comer!

PEQUE

Puedes pedirle que te ayude a meter los ingredientes en la procesadora, verter la mezcla en el recipiente y a decorar el pan o las tostadas. ¡Pregúntale con qué le gustaría acompañar el pan!

CONSEJOS

Puedes rellenar el pan de los ingredientes favoritos de tu peque o cortarlo en tostadas. Aquí tienes algunas ideas de relleno: Arándanos, frambuesas, chocolate +85% (+24 meses)... ¡La imaginación al poder!

HAMBURGUESAS DE BONIATO Y QUINOA

INGREDIENTES:

- 2 boniatos naranja
- 1 taza de quinoa cocida (más o menos 60 g)
- 1/2 cebolla rallada
- 60g de queso mozzarella rallado (+12 meses)
- 1 cdta de cúrcuma (opcional)
- 1 cdta de ajo en polvo (opcional)
- Sal (+24 meses) y pimienta (opcional)

Para el rebozado: (tienes tres opciones a escoger)

1. Huevo batido + pan rallado + orégano
2. Mezcla harina de garbanzo + agua
3. Copos de maíz triturados

ELABORACIÓN:

1. Asa los boniatos al horno o hazlos al vapor hasta que estén blandos.
2. Aplástalos con un tenedor, y en un bol los mezclas con la quinoa cocida, el queso, la cebolla rallada y las especias.
3. Mézclalo bien y deja reposar la masa en la nevera durante 30 min.

4. Haz bolas con la masa, aplástalas dando forma de hamburguesa y rebózalas.
5. Sartén: Añade unas gotas de AOVE y pon las hamburguesas a fuego medio bajo hasta que queden doraditas por ambas caras.
6. Horno: Hornea a 180 °C durante 15-20 min.

PEQUE

Puedes pedirle que te ayude a aplastar los boniatos, a añadir los ingredientes al bol y a formar las hamburguesas. Deja que toque e interactúe con la masa, incluso al no llevar huevo, puedes dejar que pruebe la masa antes de formar las hamburguesas.

HAMBURGUESAS DE POLLO, CALABACÍN Y ZANAHORIA

INGREDIENTES:

- 250 g de pechuga de pollo
- 100 g de calabacín
- 100 g de zanahoria
- 2 cdtas de semillas de chía (opcional)
- 1 cdta de ajo en polvo
- 1 pizca de pimienta molida
- 1 cdta de albahaca
- Una pizca de sal (+24 meses)

ELABORACIÓN:

1. Ralla la zanahoria y el calabacín y este último escúrrelo bien hasta quitar el exceso de agua.
2. Tritura el pollo e incorpóralo a la zanahoria y calabacín rallados.
3. Añade el resto de los ingredientes: las semillas de chía, el ajo en polvo, la pimienta, la albahaca y la sal. Mezcla bien.
4. Deja reposar la mezcla unos 30 min en la nevera.
5. Dale forma de hamburguesas, añádelas a la sartén y cocina por ambos lados.

PEQUE

Puedes pedirle que te ayude a rallar los ingredientes (+3 años), a añadirlos al bol y a mezclarlos. También puede dar forma a las hamburguesas, haciendo bolitas. Esta receta es muy fácil de hacer, combinando verduras junto al pollo, que seguro es su alimento de confianza.

CONSEJOS

Si tu peque rechaza las verduras, como el calabacín o la zanahoria, pero adora el pollo, esta receta es perfecta. También puedes sustituir el calabacín por otra verdura, como brócoli.

HAMBURGUESAS DE LENTEJAS

INGREDIENTES:

- 300 g de lentejas cocidas
- 150 g de cebolla
- 50 g de pimiento rojo
- 50 g de zanahorias
- 2 cdtas de pimentón dulce
- 75 g de harina de maíz precocida
- 15 g de semillas de chía
- 1 cdta de sal (+24 meses)

ELABORACIÓN:

1. En el vaso de una procesadora, añade la cebolla, el pimiento y las zanahorias y pícalas.

2. Añade las lentejas, el pimentón, las semillas de chía y la sal (opcional) y tritúralo todo hasta conseguir una masa homogénea y con grumitos.

3. Deja reposar en la nevera 15 min.

4. Da forma a las hamburguesas y cocínalas directamente en la sartén, en el horno 180 °C durante 20 min o en la airfryer a 175 °C durante más o menos12 min.

5. Sírvelas junto con pan de hamburguesa o acompañadas con otros alimentos que le encanten a tu peque y ¡a disfrutar!

PEQUE

Puedes pedirle que te ayude a rallar (+ 3 años), a añadir los ingredientes al vaso de la procesadora y también a darle forma a las hamburguesas. Puedes hacer minihamburguesas con forma de Mickey o decorar el plato con fruta o verdura cortada con formas divertidas. Finalmente, tu peque puede ayudarte a decorar su plato.

HAMBURGUESAS DE MERLUZA, PATATA Y GUISANTES

(Para 4-5 unidades pequeñas)

INGREDIENTES:

- 1 lomo de merluza
- 1 patata
- 1 vasito de guisantes congelados (el tamaño más pequeño)
- 1 cdta de cebolla en polvo
- 1 cdta de ajo + perejil en polvo

ELABORACIÓN:

1. Cocina al vapor la patata, los guisantes congelados y la merluza.
2. Una vez cocinados, aplástalos con un tenedor hasta que quede todo integrado.
3. Añade las especias y mezcla.
4. Deja enfriar en nevera unos 15 min.
5. Coge porciones de la masa y ve formando las hamburguesas.
6. Cocina en una sartén antiadherente por ambas caras y ¡a disfrutar!

PEQUE

Puedes pedirle a tu peque que te ayude a aplastar con un tenedor la patata, los guisantes y la merluza y a formar las hamburguesas. Si rechaza los guisantes, en esta receta seguro que le encantarán.

CROQUETAS DE POLLO, PATATA Y ZANAHORIA

INGREDIENTES:

- 2 patatas medianas
- 2 zanahorias grandes
- 1 pechuga pequeña de pollo
- 1 cdta de cebolla en polvo
- 1 cdta de ajo y perejil en polvo

Para el rebozado: copos de maíz sin azúcar triturados

ELABORACIÓN:

1. Cocina la patata, la zanahoria y el pollo al vapor.
2. Desmenuza el pollo y en un plato añade todos los ingredientes y los aplastas, mezclándolos bien hasta tener una masa con textura.
3. Deja reposar la mezcla en la nevera 15 min.
4. Ve formando las croquetas haciendo pequeñas bolas, y rebózalas con los copos de maíz triturados.
5. Rocíalas con aceite de oliva y hornéalas a 175 °C durante unos 15 min, o 10 min en la airfryer. Cuando estén hechas, ¡a comer!

PEQUE

Puedes pedirle a tu peque que aplaste con un tenedor la patata y la zanahoria, que mezcle la masa y que forme las croquetas. Deja que reboce alguna, seguro que le entra curiosidad de ver cómo se va pegando los copos de maíz triturados a cada croqueta.

CONSEJOS

Puedes acompañar estas croquetas con una salsa que encante a tu peque, por ejemplo, una de aguacate.

CROQUETAS DE BACALAO Y PATATA

INGREDIENTES:

- 300 g de patata
- 100 g de bacalao fresco
- 1 huevo (OPCIONAL)
- 1 cdta de ajo en polvo
- 1 cdta de perejil en polvo
- Una pizca de sal (a partir de los 24 meses)

ELABORACIÓN:

1. Cocina al vapor la patata hasta que quede blanda y luego añade el bacalao, cocinándolo durante 5 min más.
2. Una vez cocinados, desmigaja el bacalao, aplasta la patata, añade las especias y el huevo e integra todo bien.
3. Deja enfriar la masa 15 min en la nevera.
4. Da forma a las croquetas, pulveriza con AOVE por encima y cocina en la sartén, al horno o en la airfryer a 175 °C durante 10 min o hasta que estén doradas. Cuando estén hechas, ¡a comer!

PEQUE

Puedes pedirle que añada los ingredientes al vaso de la procesadora, que aplaste la patata con un tenedor y que dé forma a las croquetas, ¡la parte más divertida! Esta receta es un clásico que siempre triunfa entre los más pequeños (y los que ya no lo somos tanto).

CONSEJOS

Puedes acompañar tus croquetas con una mayonesa de zanahoria o con cualquier otra guarnición que le apasione a tu peque.

BAGELS DELICIOSOS

INGREDIENTES:

- 220 g de yogur griego natural (o yogur de soja natural)
- 200 g de harina de trigo sarraceno
- 5 g de polvos de hornear
- 1 yema de huevo (o AOVE)
- Semillas
- **Relleno:** al gusto

ELABORACIÓN:

1. En un bol, mezcla el yogur, la harina y los polvos de hornear hasta conseguir una masa homogénea.
2. Separa la masa en 6 porciones iguales y haz bolitas con un agujero en el medio.
3. Pincela por encima con la yema batida o con AOVE y decora con semillas.
4. Hornea a 200 °C con calor arriba y abajo, durante 25 min o hasta que estén dorados.
5. Deja que se enfríen, y rellénalos con los ingredientes que más os gusten, como crema de queso, lonchas de pavo o aguacate, por ejemplo.

PEQUE

Puedes pedirle que mezcle los ingredientes en el bol, que amase, forme las bolitas y haga los agujeros. A los peques les encanta amasar y dar forma, seguro que disfrutáis un montón con esta receta. Cuando termine, puede decorar con semillas y rellenar los bagels a su gusto.

CONSEJOS

Puedes decorar el plato con fruta. Si tu peque la rechaza, ¡prueba a cortarla en formas divertidas!

FOCACCIA DE CALABACÍN

INGREDIENTES:

- 200 g de calabacín, rallado y escurrido
- 100 g de patata rallada
- 2 huevos (o 2 cdas de harina de garbanzo y 6 cdas de agua)
- 1 puñado de queso mozzarella (+12 meses))
- 2 cdas de maicena
- Cebolla
- **Especias:** orégano en polvo

ELABORACIÓN:

1. En un bol, añade la patata y el calabacín, rallados y escurridos, el queso mozzarella, los huevos, la cebolla y las especias.
2. Remueve todo bien, añade la maicena y vuelve a remover.
3. Añade la mezcla, en una capa fina, a la bandeja del horno.
4. Hornea a 180 °C durante 20 o 25 min, deja enfriar y ¡a comer!

PEQUE

Él puede rallar la patata y el calabacín, añadir los ingredientes a un bol y remover. Una vez esté horneada, puede ayudarte a cortarla con moldes dando forma de estrella, casita... y acompañarla junto a unos trocitos de tomate o aguacate. ¡Estoy segura de que va a ser un imprescindible en tu menú!

CONSEJOS

Puedes decorar la focaccia con ingredientes que le gusten a tu peque y alguno que no le apasione, como por ejemplo, cebolla cortada a trocitos pequeños.

MUFFIN DE BONIATO Y CALABACÍN

INGREDIENTES:

- 1 boniato naranja
- 1/2 calabacín
- 1 huevo M (o 3 cdas de agua + 1 cdta de chía, dejando reposar 15-20 min).
- 1/2 cdta de cebolla en polvo
- 1/2 cdta de orégano

ELABORACIÓN:

1. Pela y trocea el boniato. Ponlo en un plato hondo y tapado y cocínalo en el microondas a 800 W durante 7 min. Como alternativa, puedes hervirlo.
2. Mientras, ralla el calabacín y escúrrelo bien para que suelte el agua.
3. Aplasta con un tenedor el boniato cocido y añádele el calabacín rallado, el huevo y las especias.
4. Mezcla e integra bien los ingredientes.
5. Coge moldes para muffins y rellénalos con la masa.
6. Cocina los muffins en la airfryer a 175 °C durante 8 min o en el horno a 180 °C durante 15 min.

PEQUE

Puedes pedirle que te ayude a chafar con un tenedor el boniato, a mezclar los ingredientes y meter la masa en los moldes. Además, puedes dejar que decore sus propios muffins con formas divertidas que hagas con los cortadores, por ejemplo, estrellitas de tomate.

CONSEJOS

Puedes jugar con las verduras y añadir a la masa las que más os gusten o aquellas que tu peque rechace (pero en poca cantidad).

ALBÓNDIGAS DE SALMÓN

INGREDIENTES:

- 1/2 kg de salmón
- 2 cebollinos picados
- 1 huevo
- 1 patata al vapor
- Eneldo picado
- Sal (+24 meses), pimienta y nuez moscada

Para el rebozado: huevo batido + pan rallado + orégano

ELABORACIÓN:

1. Cocina ligeramente el salmón en una sartén, después añádelo al vaso de la procesadora y pícalo.
2. Añade la patata al vapor, el huevo, el eneldo, los cebollinos picados y tritúralo.
3. Da forma a las albóndigas y rebózalas.
4. Cocina en airfryer o horno a 175 °C durante 6 min o hasta que estén doradas.

PEQUE

Puedes pedirle que añada los ingredientes a la procesadora y que te ayude en la parte más divertida: formar las albóndigas y rebozarlas. ¡Las texturas crujientes les encantan!

CONSEJOS

Puedes acompañarlas con una salsa de almendras, de verduras o tomate.

NUGGETS DE POLLO

INGREDIENTES:

- 1 pechuga de pollo
- 2 zanahorias ralladas
- 1/2 cebolla picada
- Perejil y orégano (al gusto)
- Una pizca de pimienta
- Una pizca de sal (+24 meses)

Para el rebozado: Copos de maíz sin azúcar triturados + huevo batido

ELABORACIÓN:

1. Pica la pechuga de pollo y reserva. Luego, pica la cebolla, ralla las zanahorias y júntalo todo con el perejil y el orégano en un bol. Salpimienta al gusto y mézclalo todo hasta integrarlo.

3. Deja reposar la masa en la nevera unos 15 min.

4. Con una cuchara, coge porciones de la masa y ve dando forma a los nuggets.

5. Rebózalos, primero por huevo batido y después por los copos de maíz triturados.

6. Rocíalos con AOVE y cocínalos al horno a 180 °C durante más o menos 15 min o hasta que estén dorados. Si lo haces en la airfryer, ponlo a 175 °C durante 10 min.

PEQUE

Puedes pedirle que te ayude a añadir los ingredientes al vaso de la procesadora para picarlos, también a mezclar la masa y a darle forma a los nuggets. Dale opciones de acompañamiento para que pueda escoger: es importante que en el plato siempre haya alimentos que le gusten.

CONSEJOS

Puedes añadir a la masa alguna verdura que tu peque rechace (pero en poca cantidad) y acompañarlos con alguna salsa.

GOFRE DE TORTILLA DE PATATA

INGREDIENTES:

- 2 patatas medianas
- 2 huevos
- 1 cda de cebolla en polvo (opcional)
- Sal (+24 meses)

ELABORACIÓN:

1. Pela las patatas y córtalas en gajos.
2. Ponlas en un plato hondo, tápalas con un plato llano y cocínalas al microondas 7 min a máxima potencia (o cocínalas al vapor).
3. Aplasta la patata con un tenedor, incorpora los huevos batidos y la cebolla en polvo.
4. Mezcla todo bien y ¡a la gofrera!
5. Prueba a decorarlo con aguacate untado por encima.

PEQUE

Puedes pedirle que te ayude a chafar las patatas con el tenedor y a batir los huevos. También puede añadir el aguacate chafado con un tenedor por encima del gofre o cualquier otro complemento que le guste. ¡Estos súper gofres son tan fáciles y rápidos de hacer que son una opción ideal para una cena!

TORTITAS DE PATATA Y QUESO

INGREDIENTES:

- 1 patata grande rallada
- 1 puñado de queso mozzarella rallado (+12 meses)
- 1 cdta de orégano
- Una pizca de sal (+24 meses)
- Una pizca de pimienta (al gusto)
- Un chorrito de aceite de oliva

ELABORACIÓN:

1. Ralla la patata y lávala bien para quitar el exceso de almidón. Escúrrela y sécala con papel de cocina absorbente.
2. Añade a un bol la patata rallada, la mozzarella y las especias, luego mézclalo todo bien.
3. En una sartén con un chorrito de aceite de oliva, ve colocando porciones de la masa dando forma a las tortitas y cocina por ambos lados.
4. También puedes hacerlas en el horno a 180 °C durante unos 30 min o hasta que estén doradas.

PEQUE

Puedes pedirle que te ayude a rallar la patata (+3 años), a mezclar los ingredientes en el bol y a darle forma a las tortitas. Mientras las preparáis, puedes ir preguntándole con qué salsa querrá acompañar las tortitas y mientras se hornean, podéis irla preparando.

VICHYSOISSE

INGREDIENTES:

- 300 g de puerro en rodajas (solo la parte blanca)
- 250 g de patatas cortadas a trozos (sin piel)
- 700 ml de agua o caldo de verduras
- 200 ml de leche de coco
- 1 pizca de sal (+24 meses)
- 1 pizca de nuez moscada

ELABORACIÓN:

1. En una olla añadimos el agua o el caldo de verduras, el puerro a trocitos, las patatas y la sal (opcional).
2. Dejamos 20 min a fuego medio o hasta que veamos que las patatas están blanditas.
3. Añadimos la leche de coco y la nuez moscada.
4. Con la batidora tritura todo hasta que la textura quede cremosa.

PEQUE

Puedes pedir a tu peque que te ayude a cortar el puerro, las patatas y a añadir los ingredientes en la olla.

CONSEJOS

Se puede comer caliente o frío. De todas formas, ¡os encantará!

MAYONESA DE ZANAHORIA

INGREDIENTES:

- 2 zanahorias al vapor (se puede cambiar por un aguacate maduro)
- 2 huevos cocidos
- Un chorrito de AOVE
- Zumo de medio limón

ELABORACIÓN:

1. Añade todos los ingredientes al vaso de la batidora y tritura hasta obtener la textura de mayonesa y ¡a disfrutar!

PEQUE

Puedes pedirle que te ayude a pelar los huevos. Prueba a ponerlos dentro de un tupper y sacudirlos para que se rompa la cáscara, así se pelan súper bien.

CONSEJOS
Apta desde los 6 meses, cuando todos los ingredientes estén introducidos o solo falte uno.
Es segura para los bebés y los niños por que se hace con huevo duro

BABAGANOUSH DE BERENJENA

INGREDIENTES:

- 2 berenjenas horneadas
- 2 cdas de tahini (sésamo molido)
- Zumo de 1 limón
- 2 cdas de AOVE
- 1 cdta de comino
- 1 pizca de sal (+24 meses)
- 1 diente de ajo (sin el nervio central)

ELABORACIÓN:

1. Parte la berenjena por la mitad y hazle unos cortes por encima.
2. Hornéala a 200 °C durante más o menos 45 min o ponla en la airfryer durante 25 min.
3. En el vaso de la procesadora, añade la carne de la berenjena y el resto de los ingredientes.
4. Tritura todo hasta que quede bien integrado. Si te queda muy denso, añade un poquito más de aceite o agua hasta tener la textura cremosa deseada. Deja enfriar, ¡y listo!

PEQUE

¿A tu hijo no le gustan las berenjenas? Eso ha sido porque aún no ha probado esta receta. Puedes pedirle que ponga las berenjenas en la bandeja del horno, que añada los ingredientes al vaso de la procesadora y que aprete el botón para triturar.

CONSEJOS

Puedes acompañar con crackers de espelta integrales, zanahoria al vapor o pepino.

SALSA PESTO DE BRÓCOLI Y ESPINACAS

INGREDIENTES:

- 100 g de queso ricotta
- 3-4 arbolitos de brócoli al vapor
- Un puñadito de espinacas frescas (+12 meses)
- Hojas de albahaca fresca (al gusto)
- 2 cdas de AOVE
- Una pizca de sal (+24 meses)

ELABORACIÓN:

1. Añade todos los ingredientes al vaso de la batidora y tritura hasta que quede una textura homogénea y ¡a comer!

PEQUE

Puedes pedirle que te ayude a poner los ingredientes dentro del vaso de la batidora y pulsar el botón de triturar, vigilando la distancia con las cuchillas. Cuando esté lista, deja que se la añada él sobre su pasta favorita.

SALSA DE CALABAZA

INGREDIENTES:

- 150 g de calabaza asada o al vapor
- 40 g de queso ricotta

ELABORACIÓN:

1. Añade todos los ingredientes al vaso de la batidora y tritura hasta que quede una textura homogénea y ¡a disfrutar!

CONSEJOS

Si tu bebé tiene más de 12 meses, puedes versionar esta receta sustituyendo los 150 g de calabaza asada por 1 remolacha cocida y manteniendo la misma cantidad de ricotta. **¡Ya verás qué salsa de remolacha más buena!**

PEQUE

Puedes pedirle que te ayude a poner los ingredientes dentro del vaso de la batidora y pulsar el botón de triturar. Además, podéis jugar a nombrar alimentos que sean de color naranja y preguntarle sobre qué alimentos le gustaría que pusiéramos esta salsa.

SALSA DE BRÓCOLI

INGREDIENTES:

- 5 arbolitos de brócoli al vapor
- 15 g de harina de almendra
- 50 ml de bebida vegetal o leche
- Una pizca de nuez moscada

ELABORACIÓN:

1. Añade todos los ingredientes al vaso de la batidora y tritura hasta que quede una textura homogénea y ¡listo!

PEQUE

Puedes pedirle que te ayude a poner los ingredientes dentro del vaso de la batidora y a pulsar el botón de triturar. Pregúntale de qué color crees que saldrá la salsa una vez lista, y si le apetece probarla con una cuchara o con el dedo. ¡Lo importante es que le dé confianza!

CONSEJOS

En nevera y en un tupper hermético, la salsa pesto de brócoli y espinacas aguanta 24 horas, y el resto 2-3 días.

PATÉ DE ALCACHOFAS Y TOMATE SECO

INGREDIENTES:

- 6 corazones de alcachofa en conserva o congeladas (previamente descongeladas)
- 100 g de tomates secos hidratados
- 1 diente de ajo (quitando el nervio central)
- Un chorrito de zumo de limón
- 3 cdas de AOVE
- Una pizca de pimentón dulce (opcional)

ELABORACIÓN:

1. Añade todos los ingredientes al vaso de la batidora y tritura hasta que quede con una textura homogénea.

PEQUE

Puedes pedirle que te ayude a exprimir el limón, a añadir los ingredientes dentro del vaso de la batidora. Antes de pulsar el botón de triturar, podéis jugar a adivinar de qué color va a salir. Una vez esté lista, pregúntale si quiere untar el paté en una tostadita de pan o comérselo a cucharadas.

MUFFINS DE PERA

INGREDIENTES:

- 1 pera conferencia madura
- 1 huevo M (o 2 cdas de mantequilla de cacahuete)
- 60 g de harina de avena
- Una pizca de canela
- 1 cdta de impulsor
- Decoración y relleno al gusto

ELABORACIÓN:

1. Ralla la pera en un bol, añade el resto de los ingredientes y mezcla todo bien hasta que quede bien integrado.
2. Rellena los moldes de muffin con la mezcla y cocina en la airfryer a 160 °C durante 15 min o al horno a 180 °C.

PEQUE

Puedes pedirle que te ayude a rallar la pera, a mezclar los ingredientes en el bol y a rellenar los moldes. También puede escoger la decoración y el acompañamiento a su gusto y emplatarlo con trocitos de fruta o crema de frutos secos, por ejemplo.

CONSEJOS
Puedes añadir una onza de chocolate puro +85% en medio del muffin antes de cocinarlo. ¡Te sorprenderá lo bien que queda!

GOFRES DE AVENA Y PLÁTANO

INGREDIENTES:

- 1 plátano maduro
- 1 huevo
- 40 g de harina de avena o espelta
- 1 cda de crema de cacahuete o tu crema de frutos secos favorita
- 1 cdta de levadura (opcional)
- 1 cda de AOVE

ELABORACIÓN:

1. Añade todos los ingredientes al vaso de la batidora y tritura.

2. Pon aceite en la gofrera y con un biberón de cocina o con una cuchara sopera, reparte la masa en la gofrera.

3. Deja que se cocine y ¡listo!

4. Puedes untar el gofre con los ingredientes que más gusten a tu peque, ¡quedan buenísimos con coco rallado o crema de cacahuete!

PEQUE

Puedes pedirle a tu peque que trocee el plátano, añada los ingredientes al vaso de la procesadora y que decore y unte los gofres con su crema favorita o con chocolate puro (+85%). También podéis añadir alguna fruta que rechace, cortada con formas divertidas.

GOFRES DE CALABAZA

INGREDIENTES:

- 80 g de harina de avena o de trigo sarraceno
- 110 g de calabaza asada, sin piel
- 2 huevos
- 1 cdta de canela en polvo
- Aceite de oliva

ELABORACIÓN:

1. Añade todos los ingredientes al vaso de la procesadora.
2. Tritura hasta obtener una mezcla homogénea.
3. Calienta la gofrera y añade un poco de AOVE a las placas para que la masa no se pegue.
4. Con la ayuda de una cuchara, añade porciones de la masa para hacer los gofres en la gofrera y ¡a disfrutar!

PEQUE

Puedes pedirle a tu peque que te ayude a echar los ingredientes a la procesadora y a darle al botón de triturar, vigilando la distancia con las cuchillas. Puedes dejar que unte los gofres con su crema de frutos secos favorita y que los decore con fruta por encima.

CONSEJOS

Si te gusta un toque más dulzón, puedes añadir un plátano maduro junto al resto de los ingredientes.

GALLETAS DE CALABAZA

INGREDIENTES:

- 150 g de calabaza asada o al vapor
- 100 g de dátiles (sin hueso) y previamente remojados con agua tibia
- 60 g de harina de avena o espelta
- 150 g de harina de almendra
- 1 cdta de canela
- Una pizca de jengibre (opcional)
- 30 ml de aceite de oliva o coco.

ELABORACIÓN:

1. Añade la calabaza junto con el resto de ingredientes al vaso de la procesadora y tritura hasta conseguir una masa homogénea. Deja enfriar en la nevera unos 30 min.

2. Precalienta el horno a 180 °C con calor arriba y abajo.

3. Da la forma que más te guste a las galletas y hornéalas durante 15 min o hasta que estén doradas, deja enfriar y ¡a disfrutar!

PEQUE

Puedes pedirle a tu peque que te ayude a añadir los ingredientes y a triturar, además de darle forma a las galletas.

CONSEJOS

Puedes guardarlas en la nevera en un tupper hermético, así te durarán 2 o 3 días.

PAN DE PLÁTANO

INGREDIENTES:

- 200 g de harina de avena o de trigo sarraceno
- 3 plátanos maduros + 1 para decorar
- 3 huevos
- 30 ml de AOVE
- 1 cda colmada de crema de cacahuete
- Canela al gusto
- 15 g de levadura en polvo de repostería

ELABORACIÓN:

1. En el vaso de la procesadora añade el AOVE, los huevos, los plátanos y la crema de cacahuete. Tritúralo todo hasta que quede sin grumos, añade la harina, la levadura y la canela y mézclalo todo hasta integrarlo.

2. Añade la mezcla a un molde apto para horno, corta un plátano por la mitad y colócalo encima de la masa.

3. Hornea a 180 °C con calor arriba y abajo, durante 25 min o hasta que pinches con un tenedor y salga limpio.

4. Decóralo al gusto: con coco rallado por encima, crema de frutos secos, fruta...

PEQUE

Puedes pedirle que añada los ingredientes al vaso de la procesadora y que apriete el botón de triturar. También puede colocar el plátano por encima, antes de hornear. Puedes dejar la decoración en sus manos, que añada los ingredientes que más le gusten y unte el pan con crema de frutos secos. ¡Le encantará! Además de disfrutar comiéndolo, disfrutaréis muchísimo mientras lo hacéis juntos.

CONSEJOS

Puedes cortarlo en rebanadas y congelarlo, así solo necesitarás descongelar la cantidad que te vayas a comer.

TORTITAS DE AVENA

INGREDIENTES:

- 1 plátano maduro
- 100 ml de bebida de avena, leche materna, leche de fórmula o leche de vaca (+12 meses)
- 50 g de harina de avena
- 1 cdta de canela
- 1 cdta de levadura (opcional)
- 1 cda de AOVE
- **Decoración:** al gusto

ELABORACIÓN:

1. Añade todos los ingredientes al vaso de la batidora y tritura hasta que tengas una masa homogénea.

2. Calienta una sartén antiadherente a fuego medio.

3. Con la ayuda de un biberón de cocina o una cuchara sopera, añade la masa en la sartén. Cuando empiecen a salir las burbujas, dale la vuelta y deja que se cocine.

4. Cuando estén hechas, decora al gusto.

PEQUE

Puedes pedirle que trocee el plátano y añada los ingredientes al vaso de la procesadora. Incluso puede ayudarte a dar la vuelta a las tortitas.

CONSEJOS

Puedes hacer las tortitas con una forma divertida que guste a tu peque, por ejemplo, de Mickey, ¡seguro que le sorprenderás!

TARTA DE CUMPLEAÑOS

INGREDIENTES:

- 500 g de boniato crudo
- 7 huevos
- 300 g de harina de almendras
- 15 g (1 sobre) de levadura
- 250 g de dátil medjoul
- 75 g de cacao puro (+24 meses) o harina de algarroba (+6 meses)

Relleno:

- 200 g de queso mascarpone (+12 meses)
- 200 g de nata sin azúcar (+12 meses)
- Frambuesas

Decoración:

- Chocolate del 75-80 %
- Aceite de coco
- Fruta a gusto (yo he puesto fresas, frambuesas y arándanos)

ELABORACIÓN:

1. Tritura los dátiles, reservando una cucharada para el relleno.
2. Tritura el boniato, añade los huevos batidos, la harina de almendras, la levadura, el cacao y los dátiles triturados y mezcla bien.
3. Separa la masa en dos moldes y hornéalos a 180 °C durante más o menos 35 min.
4. Saca los bizcochos del horno y déjalos enfriar.
5. **Para el relleno**:
    1. Monta la nata.
    2. Luego mezcla el mascarpone con la cucharada de dátiles y añádelo a la nata.
    3. Remueve con cuidado para conseguir una textura cremosa.

6. **Para el montaje**:
   1. Rellena una base de la tarta con el relleno de nata y mascarpone y añade trocitos de fruta cortados por la mitad.
   2. Pon la otra base del bizcocho encima y añade otra capa de relleno encima y en los laterales, alisándolo lo máximo posible.
   3. Derrite el chocolate en el microondas con una cucharada de aceite de coco.
   4. Añade una ligera capa de chocolate encima de la tarta y decora al gusto.

PEQUE

Puedes pedir a tu peque que te ayude a mezclar los ingredientes, a meter la masa en el molde y a decorar la tarta, una vez fría. Puede escoger la fruta de la decoración y también cómo y dónde ponerla.

¡Hola! Me llamo **Nuria Moreno y soy dietista materno infantil, además de asesora de lactancia, y, sobre todo, madre**.

Primero de todo quiero darte las gracias por tener este libro entre las manos. ¡Deseo que te sea muy útil!

Mi especialización laboral gira en torno a la **alimentación infantil**. Como habéis podido ver en estas páginas, una de mis especialidades es la selectividad alimentaria, pero también trabajo con la alimentación complementaria, la transición a sólidos y los menús para intolerancias y alergias pediátricas, además de la lactancia y el destete.

El interés en todo este mundillo de la alimentación infantil se inició cuando fui a la revisión pediátrica de los cuatro meses con mi hijo Pablo. Al leer el famoso «papelito» de instrucciones para empezar a comer, **me quedé confundida, asustada, insegura y frustrada** por la poca información que se proporcionaba. Y fue a partir de ese momento, que tuve claro que **quería documentarme para iniciar la alimentación complementaria de mi hijo de una forma consciente, gradual y orgánica**.

Después de este proceso, descubrí que no había referentes sobre el tema. Así que me armé de valor y empecé por mi cuenta a introducir los primeros alimentos a Pablo: los aplastaba y se los daba con miedo e inseguridad. **Pero mi pequeño respondió bien y ¡eso me entusiasmó!**

Descubrí que había otro camino posible, y, para mí, ya no había otro. Quería ayudar a otras madres que se encontraran en ese mismo momento vital, así que **creé BLW a comer**, el perfil de Instagram con el que ofrecería información y compartiría recetas y experiencias.

Gracias a eso se creó un vínculo mágico entre todas las madres: **la comunidad me arropó y se arroparon entre ellas**. Creamos una familia cada vez más grande.

Cuando llegó el Covid, aproveché para **estudiar y formarme** como técnica superior en alimentación infantil. Ya no era solo una vocación, era una formación técnica. Desde ese momento he seguido preparándome y he obtenido un conjunto de titulaciones que me han permitido especializarme en este bonito camino.

Mi hijo me cambió la vida y ser madre me permitió conectar con otras madres, para crear una comunidad tan bonita como esta. Gracias a todos por acompañarme hasta aquí, si comienzas en este mundo de la maternidad: bienvenido al momento más increíble de tu vida.